INSTRUCTION

SUR LA

POLICE DES CHIENS

SUIVIE

DE LA LOI DU 2 JUILLET 1850

RELATIVE

AUX MAUVAIS TRAITEMENTS EXERCÉS ENVERS LES ANIMAUX DOMESTIQUES

(3ᵉ édition, revue et augmentée)

PARIS
11, Place Saint-André-des-Arts, 11

LIMOGES
46, Nouvelle Route d'Aixe, 46

HENRI CHARLES-LAVAUZELLE

Editeur militaire.

1895

INSTRUCTION

POLICE DES CHIENS

INSTRUCTION

SUR LA

POLICE DES CHIENS

SUIVIE

DE LA LOI DU 2 JUILLET 1850

RELATIVE

AUX MAUVAIS TRAITEMENTS EXERCÉS ENVERS LES ANIMAUX DOMESTIQUES

(3ᵉ édition, revue et augmentée)

PARIS	**LIMOGES**
11, Place Saint-André-des-Arts, 11	46, Nouvelle Route d'Aixe, 46

Henri CHARLES-LAVAUZELLE

Éditeur militaire.

1895

INSTRUCTION

SUR LA

POLICE DES CHIENS

Décret du 22 juin 1882.

Art. 51. Tout chien circulant sur la voie publique, en liberté, ou même tenu en laisse, doit être muni d'un collier portant, gravés sur une plaque de métal, les noms et demeure de son propriétaire.

Sont exceptés de cette prescription les chiens courants portant la marque de leur maître.

Art. 52. Les chiens trouvés sans collier sur la voie publique et les chiens errants, même munis de collier, sont saisis et mis en fourrière.

Ceux qui n'ont pas de collier et dont le propriétaire est inconnu dans la localité sont abattus sans délai.

Ceux qui portent le collier prescrit par l'article précédent et les chiens sans collier dont le propriétaire est connu sont abattus s'ils n'ont pas été réclamés avant l'expiration d'un

.délai de trois jours francs. Ce délai est porté à cinq jours francs pour les chiens courants avec collier ou portant la marque de leur maître.

Les chiens destinés à être abattus peuvent être livrés à des établissements publics d'enseignement ou de recherches scientifiques.

En cas de remise au propriétaire, ce dernier sera tenu d'acquitter les frais de conduite, de nourriture et de garde, d'après un tarif fixé par l'autorité municipale.

Art. 53. L'autorité administrative pourra, lorsqu'elle croira cette mesure utile, particulièrement dans les villes, ordonner par arrêté que tous les chiens circulant sur la voie publique soient muselés ou tenus en laisse.

Art. 54. Lorsqu'un cas de rage a été constaté dans une commune, le maire prend un arrêté pour interdire, pendant six semaines au moins, la circulation des chiens, à moins qu'ils ne soient tenus en laisse.

La même mesure est prise pour les communes qui ont été parcourues par un chien enragé.

Pendant le même temps, il est interdit aux propriétaires de se dessaisir de leurs chiens ou de les conduire en dehors de leur résidence, si ce n'est pour les faire abattre. Toutefois, peuvent être admis à circuler librement, mais seulement pour l'usage auquel ils sont employés, les chiens de berger et de bouvier, ainsi que les chiens de chasse.

Art. 55. Lorsque des animaux herbivores ont été mordus par un chien enragé, le maire prend un arrêté pour mettre ces animaux sous la surveillance d'un vétérinaire délégué à cet effet. Cette surveillance sera de six semaines au moins.

Ces animaux sont marqués et il est interdit au propriétaire de s'en dessaisir avant l'expiration de ce délai, si ce n'est pour les faire abattre. Dans ce cas, il est délivré un laissez-passer qui est rapporté au maire dans le délai de cinq jours, avec un certificat attestant que les animaux ont été abattus. Ce certificat est délivré par le vétérinaire délégué à la surveillance de l'atelier d'équarrissage.

L'utilisation des chevaux et des bœufs pour le travail peut être autorisée, à condition, pour les chevaux, d'être muselés.

Art. 56. L'utilisation de la peau des animaux morts de la rage ou abattus pour cause de cette maladie demeure permise après désinfection dûment constatée.

Règlements de police concernant la circulation et la divagation des chiens.

Le Code pénal, art. 475, n° 7, punit d'une amende de 6 à 10 francs ceux qui auront laissé divaguer des chiens dangereux ou enragés, et ceux qui auront excité ou n'auront pas retenu leurs chiens lorsqu'ils attaquent ou poursuivent les passants, quand même il n'en serait résulté aucun mal ni dommage.

Le soin d'obvier aux accidents fâcheux qui pourraient résulter de la divagation des animaux malfaisants et féroces sur la voie publique a été confié spécialement à l'autorité municipale par la loi du 5 avril 1884 (art. 97), et cette disposition est sanctionnée par l'article 475, n° 7, du Code pénal.

En conséquence, les animaux qui peuvent être dangereux soit par leur naturel, soit à cause de circonstances accidentelles, doivent être l'objet de mesures de précaution contre les inconvénients de leur circulation, et les arrêtés que les maires peuvent prendre à cet effet, en vertu de la loi du 5 avril 1884 sur l'organisation municipale, ont leur sanction dans l'article 471, n° 15, du Code pénal, qui punit d'une amende de 1 à 5 francs les contrevenants aux règlements municipaux (arrêt de la cour de cassation du 2 janvier 1866).

De ces dispositions, il n'en résulte pas moins que les préfets étant chargés, en vertu de la loi du 22 décembre 1789 et de l'article 99 de la loi du 5 avril 1884, de veiller au maintien de la sûreté publique, sont en droit, comme les maires, de prendre des arrêtés concernant les animaux malfaisants; mais ces arrêtés sont alors applicables dans toute l'étendue du département, tandis que ceux des maires ne le sont que dans l'étendue du territoire de la commune.

Le préfet de police tient le même pouvoir de la loi du 18 pluviôse an VIII.

Les chiens ne rentrent pas tous nécessairement dans la classe des animaux malfaisants ou féroces (arrêt de la cour de cassation du 5 mars 1852), mais ils doivent être considérés comme tels lorsque, à raison de leur naturel particulier, ils peuvent faire courir soit aux personnes, soit aux animaux d'autrui, les dangers que la loi a pour but de prévenir ou de réprimer (arrêt de la cour de cassation du 2 janvier 1866).

Ainsi, l'art. 475 du Code pénal est applicable lorsqu'un chien attaque les passants sans y être provoqué (arrêts de la cour de cassation des 13 avril 1849, 10 mars 1854 et 15 mai 1891).

Lorsqu'un chien mord un passant en se précipitant hors de la maison de son maître, ce dernier est passible de l'amende, bien qu'il n'ait pas excité le chien et par cela seul qu'il ne l'a pas retenu enfermé ou enchaîné (arrêts de la cour de cassation des 15 octobre 1851, 10 mars 1854 et 19 décembre 1856).

Le maître est également responsable lors même que le chien se serait momentanément échappé de ses mains (arrêt de la cour de cassation du 4 octobre 1845) ;

Ou que le chien serait d'humeur pacifique et que le fait serait accidentel (arrêt de la cour de cassation du 10 mai 1861) ;

Ou que le maître n'aurait pas été présent au moment où le chien attaquait les passants (arrêt de la cour cassation du 5 avril 1867).

Dans les campagnes, les arrêtés municipaux ont principalement pour objet d'empêcher que les chiens ne dévastent les propriétés et de prévenir les malheurs que peuvent causer ceux qui sont atteints de la rage. Ainsi, le maire peut ordonner d'attacher au cou des chiens, pendant la saison des vendanges, un bâton propre à ralentir leur course ou à les empêcher de passer à travers les haies (arrêt de la cour de cassation du 10 janvier 1834).

Les chiens et les chats suspects de rage doivent être immédiatement abattus. Le propriétaire de l'animal suspect est tenu, même en l'absence d'un ordre des agents de l'administration, de pourvoir à l'accomplissement de cette prescription (art. 10 de la loi du 21 juillet 1881).

Les personnes qui contreviennent à un règlement municipal défendant de laisser divaguer les chiens ne sont punissables que des peines édictées par l'article 471, nº 15, du Code pénal, et non de celles plus sévères de l'article 475 nº 7 (arrêt de la cour de cassation du 18 juillet 1868).

Si un chien, gardé à vue par son maître, entre dans une maison et y étrangle un lapin, le propriétaire est passible des peines édictées par l'article 479, nº 2, du Code pénal (arrêt de la cour de cassation du 20 novembre 1868). Mais si un chien a commis un méfait de cette nature en étant laissé en divagation, il peut être fait application au propriétaire des articles 475 nº 7, et 479 nº 2, du Code pénal (arrêt de la cour de cassation du 12 juin 1866).

Un chien qui est porté à mordre les passants ne doit pas être abandonné sans précautions suffisantes, aussi bien sur la voie publique que dans les cabarets, magasins et autres lieux ouverts au public (arrêts de la cour de cassation des 15 novembre 1856 et 8 novembre 1867).

Il peut être fait application des peines édictées par l'article 320 du Code pénal au maître d'un chien qui a mordu un individu.

Tout chien circulant sur la voie publique, en liberté ou même tenu en laisse, doit être muni d'un collier portant, gravés sur une plaque de métal, les noms et demeure de son propriétaire.

Sont exemptés de cette prescription les chiens courants portant la marque de leur maître (art. 51 du décret du 22 juin 1882, rendu pour l'exécution de la loi du 21 juillet 1881).

Les chiens trouvés sans collier sur la voie publique et les chiens errants, même munis de collier, sont saisis et mis en fourrière (art. 52).

L'autorité administrative pourra, lorsqu'elle croira cette mesure utile, particulièrement dans les villes, ordonner par arrêté que tous les chiens circulant sur la voie publique soient muselés ou tenus en laisse (art. 53).

Lorsqu'un cas de rage a été constaté dans une commune, le maire prend un arrêté pour interdire, pendant six semaines au moins, la circulation des chiens, à moins qu'ils ne soient tenus en laisse.

La même mesure est prise pour les communes qui ont été parcourues par un chien enragé.

Pendant le même temps, il est interdit aux propriétaires de se dessaisir de leurs chiens ou de les conduire en dehors de leur résidence, si ce n'est pour les faire abattre. Toutefois, peuvent être admis à circuler librement, mais seulement pour l'usage auquel ils sont employés, les chiens de berger et de bouvier, ainsi que les chiens de chasse (art. 54).

Les procès-verbaux rédigés par la gendarmerie en matière de contravention à la police des chiens doivent être adressés au procureur de la République ou au juge de paix suivant le cas, après avoir été enregistrés et visés pour timbre.

A Paris et dans les communes du ressort de la préfecture de police, les mesures les plus complètes sont prescrites par une ordonnance du 27 mai 1845 :

« Il est défendu : 1º d'élever et d'entretenir dans les habitations un nombre de chiens tel que la sûreté et la salubrité des habitations voisines se trouvent compromises; 2º dans tous les temps, de laisser vaguer ou de conduire, même en laisse, des chiens sur la voie publique, s'ils ne sont pas muselés.

Les chiens doivent, en outre, avoir un collier soit en métal, soit en cuivre, garni d'une plaque de métal où doivent être gravés les noms et demeures des personnes auxquelles ils appartiennent. Les chiens doivent être tenus muselés dans l'intérieur des magasins, boutiques, ateliers et autres lieux ouverts au public, même lorsqu'ils sont à l'attache.

Il est défendu aux entrepreneurs et aux conducteurs de messageries, diligences et autres voitures publiques, de souffrir dans ces voitures des chiens non muselés.

Il est enjoint aux marchands forains, aux blanchisseurs et autres voituriers et charretiers, qui sont dans l'usage d'amener des chiens avec eux, de les museler et de les tenir attachés de très court, avec une chaîne de fer, sous l'essieu de leur voiture.

Il est également défendu d'atteler ou d'attacher des chiens aux voitures traînées à bras.

Il est défendu d'amener, dans l'intérieur des abattoirs, des chiens autres que ceux des conducteurs de bestiaux; ces chiens doivent être muselés lorsqu'ils sont dans ces établissements.

Des mesures particulières sont prises, dans la même ordonnance, à l'égard d'une espèce de chiens qui se distingue par ses instincts féroces : les bouledogues soit de race pure, soit métis ou croisés. Il est défendu : 1º de laisser circuler ou de conduire aucun de ces animaux sur la voie publique, même en laisse et muselé; 2º de tenir ces animaux, quand même ils seraient à l'attache et muselés, dans des magasins, boutiques, ateliers ou lieux quelconques ouverts au public.

Il est défendu de déposer sur la voie publique des corps d'animaux morts accidentellement ou de maladie. Ils doivent être enfouis dans la journée à un mètre trente-trois centimètres au moins de profondeur dans le lieu désigné par l'autorité, à peine d'une amende de la valeur d'une journée de travail et des frais de transport et d'enfouissement (loi du 6 octobre 1791, art. 13).

Protection due aux chiens.

Les chiens sont protégés par diverses dispositions.

D'après la loi du 28 septembre 1791, titre II, art. 3, toute personne convaincue d'avoir, de dessein prémédité, méchamment, sur le territoire d'autrui, blessé ou tué bestiaux ou chiens de garde, doit être condamnée à une amende double de la somme du dédommagement. Le délinquant peut être détenu un mois si l'animal n'a été que blsssé, et six mois si l'animal est mort de sa blessure ou en est resté estropié. La détention peut être du double si le délit a été commis la nuit, ou dans une étable, ou dans un enclos rural.

D'après l'article 454 du Code pénal, quiconque a tué un chien dans un lieu dont celui à qui cet animal appartient est propriétaire, locataire, colon ou fermier, est passible d'un emprisonnement de six jours à six mois, et, d'après l'article 479, ceux qui ont occasionné la mort ou la blessure des animaux appartenant à autrui par l'effet de la divagation d'animaux malfaisants ou féroces sont punissables d'une amende de 11 à 15 francs.

Nul n'a le droit de tuer ou de blesser sans nécessité les animaux appartenant à autrui (art. 452 du Code pénal).

Enfin, d'après la loi du 2 juillet 1850, ceux qui exercent publiquement et abusivement de mauvais traitements envers les animaux do-

mestiques sont punissables d'une amende
de 5 à 15 francs et peuvent être condamnés à
un emprisonnement de 1 à 5 jours.

Soins à donner aux personnes mordues par des chiens.

Lorsqu'une personne a été mordue par un
animal enragé ou supposé tel, il convient
d'appliquer tout de suite et profondément,
sur les blessures, un morceau de fer chauffé
à blanc. Un fer à plisser, un bout de tringle,
le manche d'une pelle, un fragment quelcon-
que de fer de forme étroite et allongée, peuvent être employés partout et instantanément
à cet usage.

En attendant que le fer soit chauffé, on
aura soin d'exprimer les blessures, afin d'en
faire sortir la bave ou le sang qui les imprè-
gnent. On pourra même laver ces blessures
avec de l'alcali volatil étendu d'eau, de l'eau
de savon, de l'eau de chaux, de l'eau salée,
et, à défaut de ces liquides, avec de l'eau
pure.

Dès que le fer sera prêt, on se hâtera d'es-
suyer les plaies et de les brûler profondément.
L'emploi du fer rougi à blanc n'est pas seulement plus sûr que celui des divers causti-
tiques solides ou liquides, il cause aussi moins
de douleur.

On ne saurait trop rappeler au public le
danger des prétendus spécifiques que ven-
dent et distribuent les charlatans.

Toutes les fois que l'application du fer rouge pourra être faite par un homme de l'art, il y aura avantage pour le blessé. Dans tous les cas, il sera nécessaire d'appeler un médecin, attendu qu'il pourra seul apprécier la profondeur des blessures et l'effet de la cautérisation, qui resterait sans efficacité si elle avait été faite incomplètement.

Comme il est utile de constater si les chiens qui auraient fait des morsures sont réellement enragés, il faut se garder de les tuer (instruction du conseil d'hygiène publique et de salubrité du département de la Seine).

Un savant, M. Pasteur, ayant découvert le virus de la rage, les militaires mordus par des animaux enragés sont évacués sur l'hôpital du Val-de-Grâce pour y suivre un traitement spécial; à chaque évacuation on adresse à l'établissement un certificat d'autopsie de l'animal, et, dans les cas douteux, la tête et la partie supérieure du cou (circulaire du 4 février 1886). Ils sont mis en route immédiatement et on rend compte au Ministre par télégramme. (Dépêche du 15 novembre 1890.)

Les personnes étrangères à l'armée sont dirigées sur l'institut Pasteur, à Paris — les indigents, aux frais du département ou de la commune — pour y suivre le même traitement.

Avant cette découverte, la rage avait toujours une terminaison fatale, mais grâce au traitement imaginé par l'illustre savant on peut compter 99 guérisons sur 100 cas.

Chiens perdus ou trouvés.

Les chiens étant assimilés aux meubles par la législation, celui à qui il a été volé un chien, ou qui l'a perdu, peut le revendiquer, conformément aux articles 2279 et 2280 du Code civil.

A cet effet, le propriétaire de l'animal doit en faire la déclaration à l'autorité municipale. A Paris, cette déclaration est faite au commissaire de police, qui la transmet à la préfecture de police.

La personne qui a trouvé un chien doit en faire la déclaration à l'autorité. Le propriétaire de l'animal, s'il est connu, est invité à le reprendre, et il doit rembourser les frais qui peuvent avoir été faits. Dans le cas où l'animal n'est pas réclamé, il est envoyé en fourrière, et les frais sont à la charge du propriétaire. Le temps de fourrière ne peut dépasser huit jours (décret du 18 juin 1811, art. 39 et 40).

Celui qui trouve un chien abandonné et le garde pour se l'approprier se rend coupable d'un vol spécifié en l'art. 379 du Code pénal.

Taxe des chiens.

Il n'entre pas dans dans le programme de ce petit ouvrage de parler de la taxe des chiens ; nous en dirons cependant un mot.

La loi du 2 mai 1855 a établi sur les chiens une taxe qui est per ue au profit des commu-

nes, et qui ne peut être supérieure à 10 francs ni inférieure à 1 franc.

Les tarifs ne comprennent que deux taxes : la plus élevée porte sur les chiens d'agrément ou servant à la chasse ; la moins élevée porte sur les chiens de garde, y compris ceux qui servent à guider les aveugles, et, en général, sur tous ceux qui ne sont pas compris dans la première catégorie.

Les possesseurs de chiens doivent faire à la mairie, du 1er octobre au 15 janvier de l'année suivante, une déclaration du nombre de leurs chiens et des usages auxquels ils sont destinés. A défaut de cette déclaration, ou si elle est incomplète ou inexacte, la taxe est triplée dans le premier cas et doublée dans le second cas (décret du 4 août 1855).

La déclaration, une fois faite, n'est renouvelable qu'en cas de mutation, et la taxe est due jusqu'à déclaration contraire (décret du 3 août 1861).

Animaux domestiques (Mauvais traitements).

Loi du 2 juillet 1850.

Article unique. Seront punis d'une amende de 5 à 15 francs et pourront l'être d'un à cinq jours de prison, ceux qui auront exercé publiquement et abusivement de mauvais traitements envers les animaux domestiques.

La peine de la prison sera toujours appliquée en cas de récidive.

L'article. 463 du Code pénal sera toujours applicable.

Sont considérés comme animaux domestiques toutes les espèces apprivoisées quelle qu'ait été leur nature première, toutes celles qui ont coutume de vivre sous le toit de l'homme et par ses soins ou que l'éducation a amenées à ce point : ainsi les chiens, les chats, les pigeons de volière, les oiseaux de basse-cour, sont des animaux domestiques (Cassation, 17 août 1822).

Les mauvais traitements exercés sur les animaux domestiques ne tombent sous l'application de la loi du 2 juillet 1850 qu'autant qu'ils ont lieu publiquement (Cassation, 9 juillet 1853).

Ils doivent être aussi abusifs, car il en est qui sont obligatoires, soit pour la santé des personnes, soit pour que le propriétaire puisse retirer de l'animal le profit qu'il est naturellement appelé à fournir.

Le fait de transporter des veaux entassés dans une voiture et ayant les pieds liés ensemble, ou étant placés de manière que les uns aient la tête entre les deux civières suspendues au dessous de la voiture et les autres la tête pendante hors de la voiture, tombe sous l'application de la loi du 2 juillet 1850 (Cassation, 13 août 1858).

Mais le fait d'un individu (un garçon boucher) d'avoir mené son cheval ventre à terre et de l'avoir fouetté à tour de bras, de manière que la sueur dégouttait de tout son corps et qu'il n'avait pas un poil de sec, ne constitue pas un mauvais traitement dans le sens de la loi du 2 juillet 1850 (Cassation, 14 mai 1858).

Les mauvais traitements peuvent être directs ou indirects ; directs, par exemple : un coup de fouet ou d'aiguillon ; indirects, comme le fait de charger les animaux de fardeaux trop lourds pour leurs forces, de leur refuser la nourriture ou le repos.

La loi du 2 juillet 1850, qui réprime les mauvais traitements infligés publiquement et abusivement à des animaux domestiques, ne s'applique qu'aux propriétaires de ces animaux ou aux personnes auxquelles ils en ont confié le soin et la conduite et non aux personnes étrangères (Cassation, 2 janvier 1875).

Cette disposition doit donc être appliquée au fait d'avoir volontairement et méchamment blessé des bestiaux appartenant à autrui (Cassation, 7 octobre 1847) ; mais en ce qui concerne les chiens, elle ne protège que les chiens de garde et non les chiens de chasse et d'agrément (Cassation, 4 avril 1853).

Dès lors les blessures faites méchamment à un chien de chasse ou d'agrément appartenant à autrui rentrent, à défaut de texte spécial, dans la disposition de l'article 479, n° 1, du Code pénal, qui réprime d'une manière générale les dommages causés volontairement aux propriétés mobilières d'autrui (Cassation, 4 avril 1853).

Les articles 452, 453, 454 et 479 du Code pénal sévissent contre les individus qui, sans nécessité, blesseraient ou tueraient des animaux domestiques.

Les abeilles ne sont pas des animaux domestiques; par suite le fait de verser de l'eau bouillante sur les ruches et de causer ainsi la mort des abeilles constitue la contravention punie par l'article 479, paragraphe 1er du Code pénal, et non le délit de destruction d'un animal domestique. prévu par l'article 454 du Code pénal (Cour de Toulouse, 30 mars 1876).

Les infractions commises à la loi du 2 juillet 1850 sont du ressort des tribunaux de simple police. L'emprisonnement est applicable même en dehors du cas de récidive.

Une circulaire du Ministre de la guerre du 8 septembre 1859 a recommandé aux gendarmes d'exercer avec un zèle tout spécial cette partie de leur service.

Il arrivera souvent que leur intervention sera requise, soit par de simples particuliers, soit par des membres de la *Société protectrice des animaux*. Il y aura lieu d'obtempérer à ces invitations et de signaler au procès-verbal les nom, prénoms, qualité et adresse des requérants.

TABLE DES MATIÈRES